AF453796

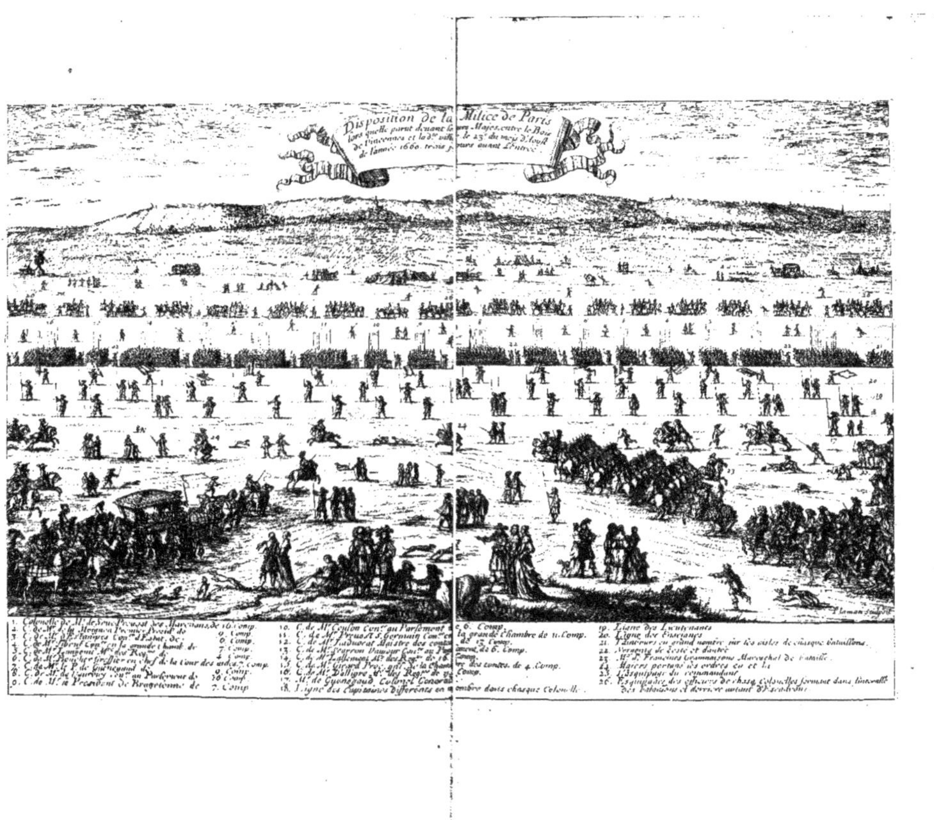

Disposition de la Milice de Paris
lors qu'elle parut devant leurs Majestés entre le Bois
de Vincennes et la d.te ville le 23.e du mois d'Aoust
de l'année 1660. trois jours avant l'Entrée.

1. Colonelle de Mr de Sève Prevost des Marchands de 16. Comp.
2. C. de Mr de Mesgrigny Premier Presid. de ... Comp.
3. C. de Mr d'Estampes Cons.er d'Estat, &c. ... Comp.
4. C. de Mr Sbrul Cons.er en la grande Chambre de ... Comp.
5. C. de Mr Tanqueau M.e des Req... de 7. Comp.
6. C. de Mr Bouchu greffier en chef de la Cour des aides ... Comp.
7. C. de Mr le P. de Guenegaud de ... Comp.
8. C. de Mr de l'Aubroy Cons.er au Parlement de ... Comp.
9. C. de Mr le President de Bragelonne de 7. Comp.
10. C. de Mr Coulon Cons.er au Parlement ... 6. Comp.
11. C. de Mr Prevost S. Germain Cons.er en la grande Chambre de 11. Comp.
12. C. de Mr Fauduoet Maistre des contes de 13. Comp.
13. C. de Mr Seurron Vaunour Cons.er au ... de 6. Comp.
14. C. de Mr Lallemant M.e des Reg.e de 16. Comp.
15. C. de Mr Girard Pro... agn.t de la Chambre des contes de 4. Comp.
16. C. de Mr D'Alligre &c. des Reg.e de ... Comp.
17. Mr de Guenegaud Colonel General.
18. Ligne des Capitaines differents en nombre dans chasque Colonelle.
19. Ligne des Lieutenants
20. Ligne des Enseignes
21. Flaneurs en grand nombre sur les ailes de chasque bataillons.
22. Sergents de teste et d'autre
23. Mr.s Francisus Commissaires Marrechal de bataille.
24. Majors portans les ordres çu et là
25. L'Esquipage du commandant
26. Esquadre des officiers de chasq. Colonelles formant dans l'intervalle
des bataillons et derriere autant d'Escadrons.

Flaman sculp.

et ouurage est dedié a l'immortalité, Et c'est le con-
sacrer au Roy par nos veux et par nos esperances.
  Vous y verrés, Lecteur, le triomphe de ce grand Monarque, mais
vn triomphe de Paix ; Car ceux que la guerre luy a preparés ont
laissé des monuments eternels pour sa gloire, dans l'Allemagne, dans
l'Italie, dans l'Espagne, dans la Flandre, En vn mot dans toutes les prin-
cipales parties de l'Europe ; Ceux cy faisoient fuir autant de monde deuant
luy, que celuy la luy en a attiré de toutes les prouinces de France. Mais ceux
cy ne luy ont pû offrir dans vne quantité de places considerables ceque celuy
la luy presente dans vne seule Ville ; pres d'vn million d'habitans disposés à
sacrifier leurs vies pour son seruice, Et c'est ceque le graueur n'a pû repre-
senter Qui par ce moyen aura le blasme d'auoir obmis le plus magnifique, et le
plus beaus des cette entrée. Mais je me trompe, Car pour en exposer les prin-
cipales beautes, il auroit eu besoin d'employer plus heureusement son burin à tirer
au naturel les graces de ce valeureux Prince et le visage de nostre Reyne incompara-
ble, auec laquelle il voulut partager l'honneur de cette journée. Ce fut vn effect ad-
mirable de l'vnion de ces grandes ames. Mais on peut dire que celles des
Parisiens ne furent pas moins vnies par amour, par respect, et par Zele enuers
leurs souuerains, Et que l'entrée de leurs Majestés fut plus pompeuse dans leurs
coeurs que dans leurs murailles. Demeurés en persuadé, Lecteur, par cette seule
raison qu'on n'a osé leur offrir le crayon de celle cy, comme indigne d'elles, Et qu'on
en auroit jugé l'autre digne, si elle auoit pû paroistre à leurs yeux dans toute
son estendue.

HISTOIRE

DE LA TRIOMPHANTE ENTREE DV ROY

ET DE LA REYNE DANS PARIS

le 26. d'Aoust, 1660.

AVEC LA REPRESENTATION ET L'EXPLICATION

DES ARCS TRIOMPHAVX QVON Y AVOIT ESLEVE

ET DE TOVTES LES AVTRES MAGNIFICENCES.

A Paris chez van Merlen, rue St Iacques a la ville d'Anuers. 1665.

Toutes ces figures n'ont esté grauées que pour faire connoistre aux estrangers les magnificences que les Parisiens ont emploié pour la reception de leurs Majestez. On peut transporter par ce secours les arcs triomphaux et les machines que la grandeur rendoit inesbranlables; et la posterité sera bien aise d'admirer le plus grand et le plus pompeux ouurage de nostre siecle. Et afin de le reconnoistre plus aisement, nous auons adjouté quelques legeres obseruations, dont chaque article designé par vn chiffre particulier, fera connoistre la figure qu'il explique.

I. Cette figure represente le trosne ou leurs Majestez receurent l'hommage de tous les Ordres de Paris. On l'auoit esleué dans l'extremité du fauxbourg St Antoine a la veüe de Vincennes sur vne Estrade de trente six pieds. les dorures qui en ornoient les dehors, et les belles estoffes du dedans n'y furent presque pas considerées, quoy qu'elles fussent tres belles. L'esclat de leurs Majestez surprenoit les yeux des Spectateurs d'vne telle maniere, qu'il ne leur laissoit pas la liberté de s'occuper ailleurs que sur leurs personnes.

II. Cette figure represente l'arc de triomphe qu'on auoit esleué au milieu du fauxbourg St Antoine. Il auoit dix toises de faces sur huit de hauteur. Trois arcades costoiées de leurs colomnes de marbre rouge jaspé, auec leurs bases et leurs chapiteaux de bronze y seruoient de passage. Celle du milieu estoit fermée par vne Console qui portoit le buste de la Vertu a qui deux renommées apportent des palmes et des couronnes. Les deux autres portiques estoient chargés de deux bas reliefs, dont l'vn estoit le symbole du triomphe du Roy et l'autre de celuy de la Reyne. les Triglifes de la Frise estoient dorées, aussy bien que les chiffres et les armoiries de leurs Majestez qu'on auoit entremeslez dans les Metopes. Au dessus de cette architecture Dorique on auoit esleué vn corps Attique haut de sept pieds, au dessus de la Corniche. La table du milieu estoit chargée d'vne inscription d'or qui marquoit la ioie des Parisiens. Celles des costez estoient chargées de festons et de guirlandes, auec vn Soleil et la deuise DEDIT ILLE DIEM, c'est luy qui a donné le jour, et vne Lune pour la Reyne, DEDIT ILLA QVIETEM C'est elle qui a donné le repos. Six figures de relief plus grandes que le naturel estoient sur le haut de l'Attique, la Fidelité, l'Obeissance, la Ioie, la Reconnoissance, la Concorde, et la Constance, estoient toutes disposées de rendre les premiers honneurs a leurs Majestez triomphantes.

III. Dans la troisiesme figure on reconnoit l'abord de Paris par le chasteau de la Bastille qui s'esleue sur la gauche, et par le plus grand bastion du monde sur la droitte. les jambages de pierre qu'on auoit fait pour soutenir la premiere barriere, furent changez en pied d'estaux qu'on chargea de 2 figures; l'vne representoit le Roy sous la figure de l'Hercule Gaulois, la Reyne a dans l'autre les ornemens de Minerue. on auoit mis sur les murs qui forment l'entrée du Pont Dormant quantité de vases a l'antique.

IV. La quatriesme figure nous fait voir le grand arc de pierre de taille qu'on a construit sur le Pont Dormant. Il laisse trois passages celuy du milieu en forme d'arcade est pour les carosses, et les deux autres pour les gens de pied: et par ce qu'ils sont plus bas que celuy du milieu, on a jugé a propos d'en orner les niches qui sont au dessus de deux figures, dont l'vne est l'Esperance de la France et l'autre la Seureté du public. Sur la clef qui ferme la voute du grand Portique on voit vne consolle qui soutient le buste du Roy. les deux fleuues qui arrosent la ville, la Seine et la Marne remplissent les impostes. L'Attique est formée par vne table de marbre noir qui est chargée de l'inscription. Au dessus sont les armoiries de France et de Nauarre couronnées et ornées a l'ordinaire. Les encognures du fronton sont remplies de trophées d'armes. trois figures rendent le dessus fort magnifique. l'Hymen debout semble approuuer l'vnion de la France et de l'Espagne qui sont assises a ses pieds. Les niches sont remplies de deux vaisseaux qui sont les armes de la ville, et les extremitez sont chargées de deux pyramides a la pointe desquelles on auoit mis de grosses fleurs de Lys double. On a estendu les ornements jusques a deux pilastres qui sont chargez chacun de deux petits Amours qui soutiennent des trophées de luths, de carquois, et de couronnes.

V. La porte de la ville n'estoit pas assez superbe pour respondre a toutes les autres parties du triomphe: mais pour ne pas destruire son architecture qui s'estoit rendüe venerable par son antiquité, on se contenta de la couurir d'vn riche tableau, ou les principaux Officiers de la ville rendoient leurs respects au Roy au nom de tous les Parisiens: Des festons luy seruoient de bordure aussy bien qu'a l'inscription qu'on voit au dessous qui en descrit la pensée. le reste fut orné de tapisseries.

On a veu jusques icy les magnificences du dehors, entrons dans la ville et remarquons les superbes ouurages qu'on y auoit esleué en diuers endroits, pour rendre la gloire de ce triomphe d'autant plus considerable.

VI. Dans le carefour de la fontaine S.t Geruais on auoit esleué vn mont de 40. pieds de haut, sur lequel Apollon et les Muses tesmoignoient la joye que leur donnoit la pompe d'vn si beau jour et le restablissement des sciences et des arts, qui sont les fruits ordinaires de la paix. la cime de ce Parnasse estoit chargée de Lauriers, et les costez de Palmiers ; le dessous formoit vne grotte par la porte de laquelle le Triomphe deuoit passer. Sur l'ouuerture de la grotte paroissoit vne figure grande comme le naturel qui representoit la Vertu. Elle soutenoit vne medaille ou les testes du Roy et de la Reyne estoient releuées d'vn mesme profil l'vne sur l'autre, auec cette deuise IVNGIT AMOR, l'Amour les joint. En effet a droitte et a gauche, on voioit vn nombre infiny de ces petits Dieux qui tesmoignoient la satisfaction qu'ils auoient d'auoir vny leurs Majestez.

VII. L'auantageuse scituation du Pont Nostre Dame, soutenuë de tant de nouueaux ornemens, le rendoit sans doute le plus beau passage de la ville ; la symmetrie de ses maisons estoit encor augmentée des Termes masles et femelles qui les joignoient par des festons et qui estoient chargez de paniers de fleurs et de fruits. La place qui restoit entre eux estoit remplie de 66. Medailles de 2. a 3. pieds de Diametre, qui estoient chargées des portraits de nos Roys, auec leurs noms et vn abregé de leur vie, au dessous, la deuise en expliquoit leurs plus considerables actions. Les quatre niches qui sont au 2. bouts du Pont, estoient remplies de 4. belles figures vestuës a la royalle, et taillées apres le naturel, S.t Loüys, Henry le Grand, Loüys le Iuste, et Loüys Dieu donné.

VIII. Cette superbe gallerie estoit terminée d'vn Arc magnifique : 2. grandes colomnes en soutenoient l'architraue et les autres dependances de la corniche, au dessus de laquelle les S.rs Beaubrun auoient peint vn tableau, ou la Reyne Mere sous la figure de Iunon sembloit presider a tous ces mysteres. Iris sa messagere apportoit du Ciel le portrait de la Reyne, et Mercure tenoit son bouclier chargé du portrait du Roy dont la seule presence sembloit auoir terrassé le Dieu de la guerre. l'Hymen auec son flambe: au et de petits Amours en acheuoient la victoire, et dans le milieu de la frize on en auoit ainsy expliqué l'ænigme, ET MARS QVOQVE CESSIT AMORI, & Mars tout Dieu qu'il est cede aussy a l'Amour. A droitte et a gauche on auoit placé la Fecondité et l'Honneur qui tesmoignoient par leur contenance la part qu'elles prenoient a la deffaitte de Mars. Sur l'amortis: sement on voioit la Foy conjugale auec son anneau d'or et l'Vnion auec les deux coeurs qu'elle tenoit, qui en celebroient la Feste, et entre elles on auoit assis vn petit Cupidon qui joignoit deux escussons a son carquois et a son arc, ou on voioit les armes du Roy et de la Reyne.

IX. Le marché neuf auoit aussy son Arc de Triomphe, mais on ne l'auoit pas esleué sur vne ligne droitte comme les autres, le milieu paroissoit retiré en demy cercle que la disposition de ses enfoncemens faisoit aisement prendre pour l'entrée de quel: que superbe Palais. Dix colomnes en soutenoient la corniche, dont les 4. du milieu estoient torses et entourées de pampres de vigne. Le haut estoit chargé d'vn vaisseau vü par la pouppe d'ou descendoient beaucoup de festons qui entouroient vn tableau remply de quantité de figures. Le Roy sous celle d'Hercule y reçoit vne branche d'oliue des mains de la Sagesse : Le Cardinal Mazarin sous celle de Mercure sembloit estre cause de cet accord, Quantité de prouinces et de citez que leurs tours et leurs couronnes murales faisoient reconnoistre, luy rendoient leurs hommages. S.t Loüys et Blanche de Castille aieuls de leurs Majestez paroissoient dans vn Ciel comme rauis de cette alliance. les pieds d'estaux de chaque colomne estoient remplis de deuises et de symboles, qu'on auoit tiré des Medailles antiques, et qu'on auoit accomodé au sujet. L'arcade principale qui seruoit de passage aux triomphâs estoit chargée d'vne inscription magnifique qui se lit assez aisement dans la figure.

X. Ce plan de place Dauphine estoit necessaire pour bien comprendre la disposition du plus grand et du plus bel Arc de Triomphe qui ait paru dans cette magnificence. Les deux quais et la rüe de Harlay qui en forment le triangle sont chargez de maisons d'vne struc: ture si esgalle, que les yeux n'ont pas peu de plaisir d'en admirer la beauté.

XI. Et pour y obseruer toute sorte de regularité on auoit construit le long de cette place, vne espece d'Amphitheatre en oualle, des degrez duquel les spectateurs pouuoient aisement satisfaire a leur curiosité.

XII. L'Obelisque posé sur le grand arc fermoit agreablem.t l'issüe de la place Dauphine du costé du cheual de bronze : Quoy qu'il eut plus de cêt pieds de haut: Le S.r le Brun qui l'auoit conduit n'auoit rien espargné pour le rendre magnifique : il sembloit que tout fut de marbre blanc, et que ses ornemens et les moulures fussent d'or. Les 4. Elemens qui estoient representez en jeunes filles par des Termes, soutenoient le fuis du bas: tim, et on les auoit expres feint de bronze, afin que la solidité de ce metal respondit a la pesanteur des corps superieurs. le feu et l'eau s'em: brassoient a la droitte, l'air et la terre a la gauche, et ils auoient leurs deuises particulieres auec des pieds d'estaux. Aux 2. costez des fron: tons de l'Attique on a representé la Reyne mere auec les ornemens de la Pieté, et la Reyne auec ceux de la Douceur, qui ont acheué le sujet de cet Arc, qui est l'vnion de la France et de l'Espagne, a quoy de petits Amours semblent aussy trauailler par les festons dont ils les enuironnent. Contre l'Attique on a feint vne tapisserie ou le Roy et la Reyne paroissent dans vn superbe char tiré par vn Coq et vn Lion que l'Hymen con: duit. A sa droitte la Concorde chasse la Guerre ; et a gauche, la Paix rappelle les arts et les sciences, qui auoient esté bannies durant la guerre. Au dessus de l'Attique entre les frontons, Atlas porte sur ses espaulles vn globe d'azur chargé de 3. fleurs de lys d'or, que 2. figures reçoiuent qui representent les Genies de la France et de l'Espagne, et qui imposent la couronne royale. Celuy de la France est accompagné des guidons des villes conquises telles qu'Aras, Brisac, et Perpignan, et celuy d'Espagne des villes acquises par le mariage comme Grauelines, et Mariembourg. l'Obelisque est enrichy de deux bas reliefs releuez d'or, la France en estat de suppliante reçoit des mains de la Reyne mere vn jeune enfant, dans celuy de dessus ; et le Genie de la France chasse Bellone par la veue de son bouclier ou est le portrait de la Reyne, dans celuy de dessous ; ce qui descrit et la naissance miraculeuse, et l'heureux mariage de nostre Roy. la Gloire est assise sur la pointe de l'Obelisq. qui consacre a l'Eternité les chiffres du Roy et de la Reyne.

XIII. Quoy que la representation de l'hostel de ville de Paris ne soit pas absolument necessaire pour nostre dessein, nous la deuons pourtant a la magnificence de sa façade, qui fut admirée le jour du Triomphe de tous ceux qui le composoient.

XIV. Les balcons du palais que Madame Beauuais a fait bastir dans la rüe S.t Antoine, estoient occupez par la Reyne mere, la R. d'Angleterre, la Princesse sa fille, et le Card. Mazarin, qui n'estoit pas assez bien remis de sa maladie pour paroistre dans cette solemnelle caualcade.

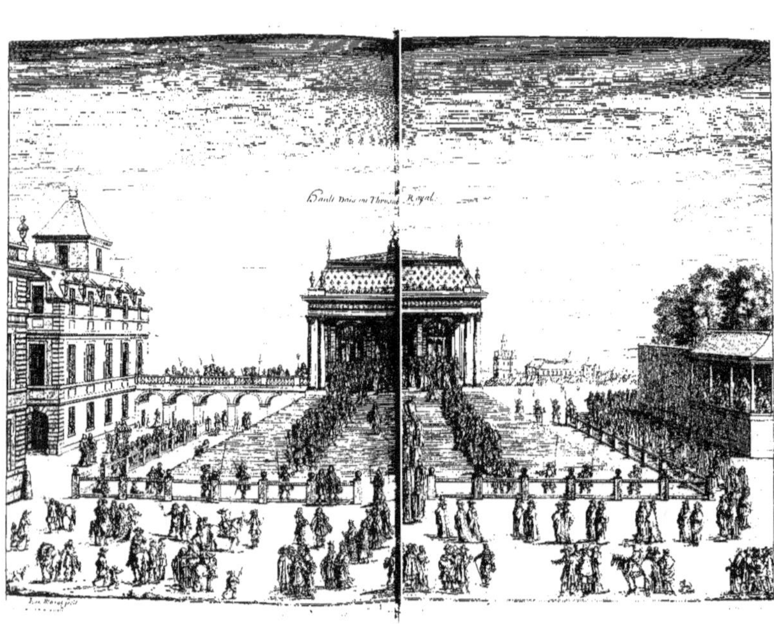
Hault Dais ou Throsne Royal.

Premier Arc de Triomphe a l'entrée du Faubourg sainct Anthoine.

Iean Marot fecit.

5 Toises.

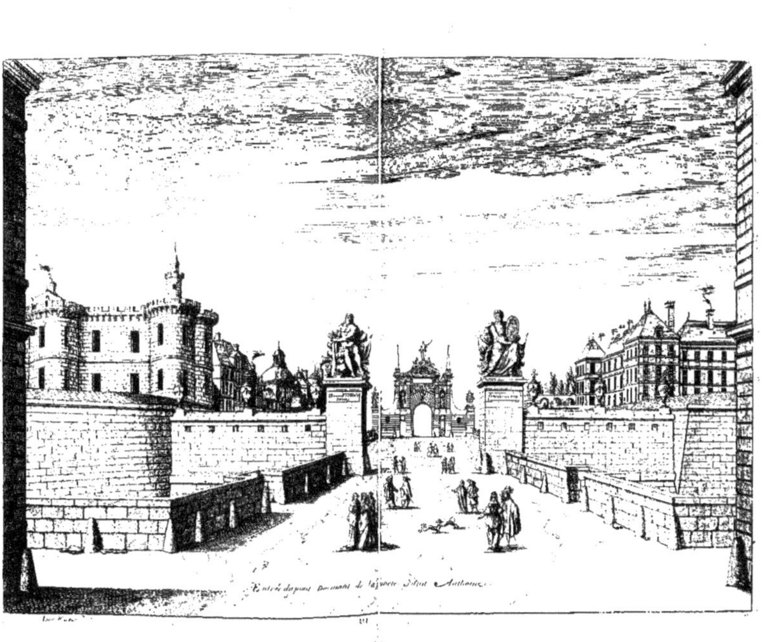

Entrée du pont tournant de la porte Saint Antoine.

Arc de pierre sur le pont dormant de la porte sainct Anthoine.
6 Toises.
Jean Marot fecit.

Porte de la ville du costé de sainct Anthoine

Arc de Triomphe du Carrefour de la Fontaine sainct Gervais
le Paultre sculpsit

Le Pont Nostre-Dame reparé et enrichi de nouueaux ornements, reduit en Perspectiue.

Arc de Triomphe esleué au bout du pont nostre Dame.

le Paultre sculpsit

VIII

Arc de Triomphe dressé
dans le marché neuf
LVDOVICO . XIV . REGI . CHRISTIAN .
PACATOR . TERRAR . REST . GALLIAR .
QVOD . BELL . VIC . VICT . PACE . CVMVL .
VRBIB . VINDIC . PROVINCI . RECVPER .
S . P . Q . P .
FORTVNAE REDVCI
Iean Marot fecit.
IX

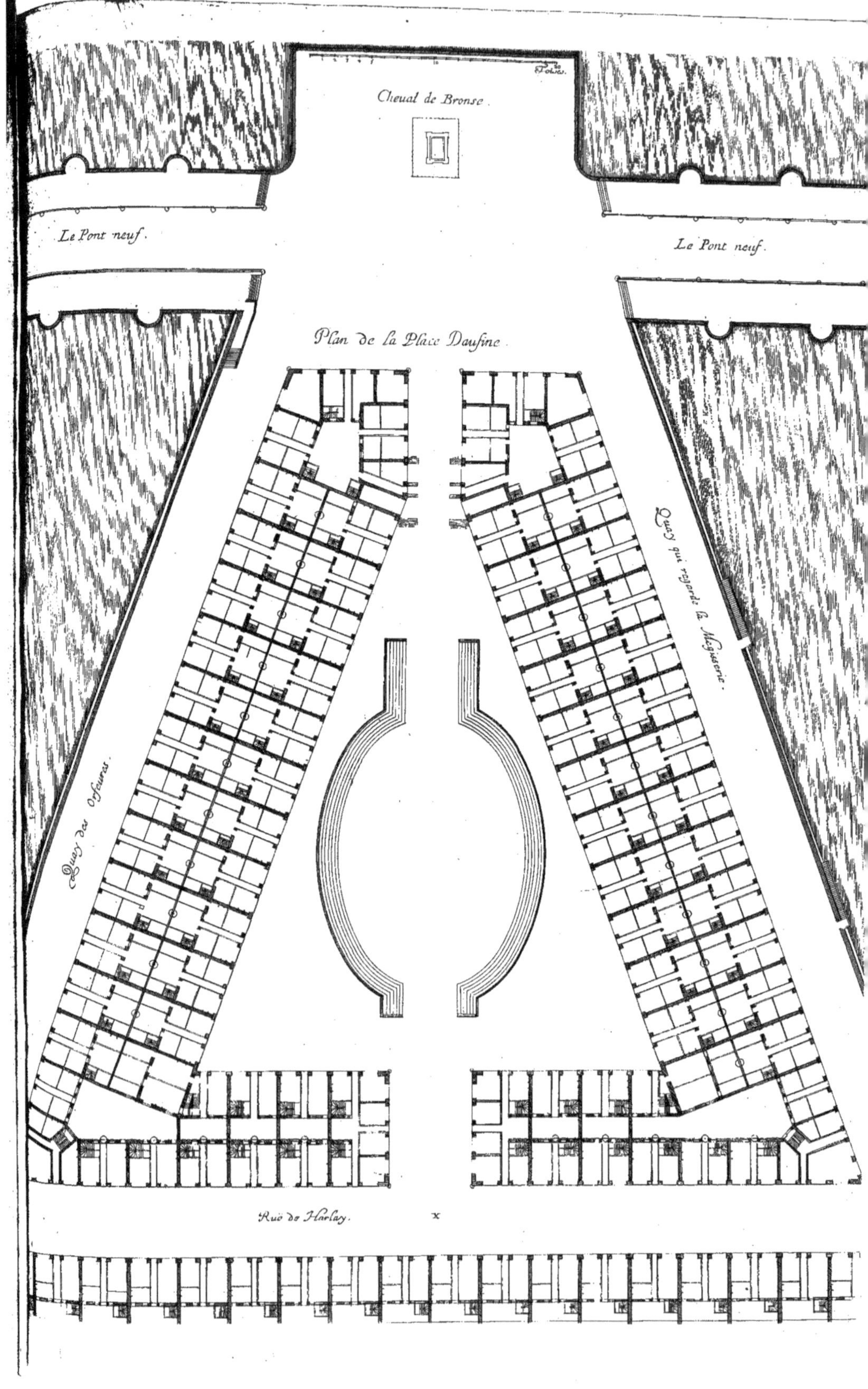

Cheual de Bronse
Le Pont neuf.
Le Pont neuf.
Plan de la Place Daufine.
Quay qui regarde la Mégisserie.
Quay des Orfeures.
Ruë de Harlay.

Amphitheatre de la place Dauphine

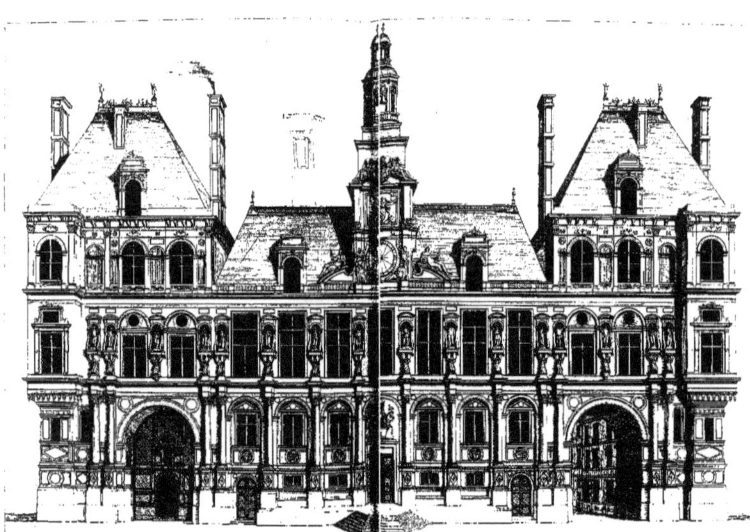

Façade de l'Hostel de Ville du costé de la place de Grève

XIII

L'Hostel de Beauvais rue Saint Anthoine.

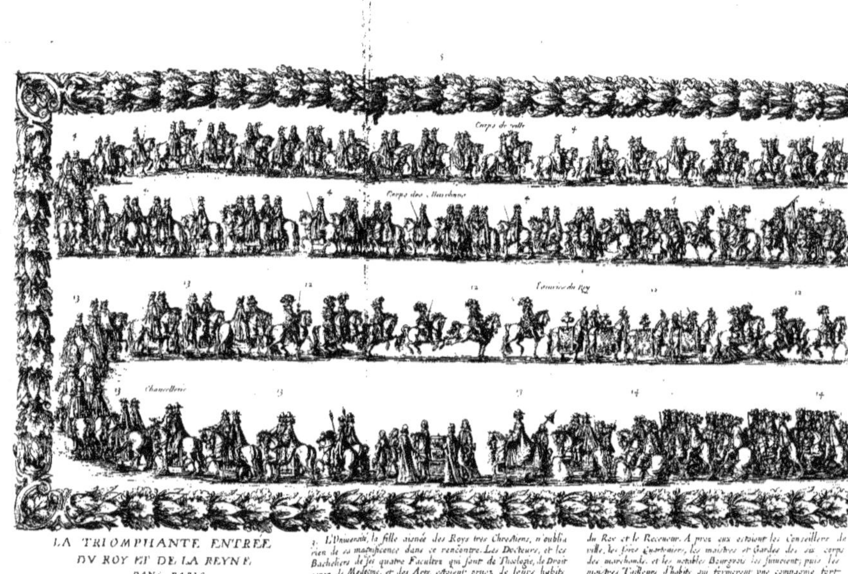

LA TRIOMPHANTE ENTRÉE
DV ROY ET DE LA REYNE,
DANS PARIS

le 26. d'Aoust 1660.

Avec le rapport des Chifres aux Figures.

1. Le Clergé tant seculier que regulier commença la marche de cette journée: les Cordeliers, les Jacobins, les Augustins, et les Carmes, qu'on appelle d'ordinaire les quatre mendians, estoient à la teste.

2. Les Paroisses suivoient au nombre de trente sept, procedées de leurs Croix et de leurs Bannieres dans l'ordre que Messrs les grands Vicaires leur avoient donné. les Ecclesiastiques s'in clinoient devant leurs Majestez, sans s'arrester au pied du Throsne.

3. L'Université, la fille aisnée des Roys tres Chrestiens, n'oublia rien de sa magnificence dans ce rencontre. Les Docteurs, et les Bacheliers de ses quatre Facultez qui sont de Theologie, de Droit canon, de Medecine, et des Arts, estoient ornez de leurs habits Academiques, leurs Bedeaux les distinguoient. Monsr de Lenglet Recteur harangua leurs Majestez apres estre monté au Throsne avec les trois Doyens des Facultez superieures, et le Procureur de la nation de France les supots de l'Université formoient cette marche.

4. Le corps de ville venoit en suitte, il estoit precedé de ses trois cents Archers avec leurs Officiers; les Gardes et des Pages de Mr le Gouverneur, et des Huissiers de la ville. le Greffier de la ville alloit devant Mr le Gouverneur, et Mr le Prevost des Marchans, suivis chacun de vingt quatre estafiers de leurs livrées, les quatre Eschevins suivoient immediatement; puis le Procureur du Roy et le Receveur. Apres eux estoient les Conseillers de ville, les seize Quartiniers, les maistres et Gardes des six corps des marchands, et les notables Bourgeois les suivoient; puis les maistres Tailleurs d'habits qui fermerent vne compagnie forte leste de six vingts hommes. Mr de Sens Prevost des marchans estant aux pieds de leurs Majestez avec Messieurs du Bureau les harangua, en leur presentant les Clefs de la ville.

5. Le Chastelet estoit composé du Chevalier du guet avec ses quatre Exempts et ses cent Archers, des Sergens à Verge avec leurs Officiers, des Notaires au nombre de quatre vingts, des Commissaires, des Sergens à la Douzaine, et des six Huissiers Audienciers qui precedoient le Greffier en chef, les Lieutenants Civil, Criminel, et Particulier, les Conseillers au Chastelet marchoient apres eux, puis les deux Advocats et le Procureur du Roy, ils en

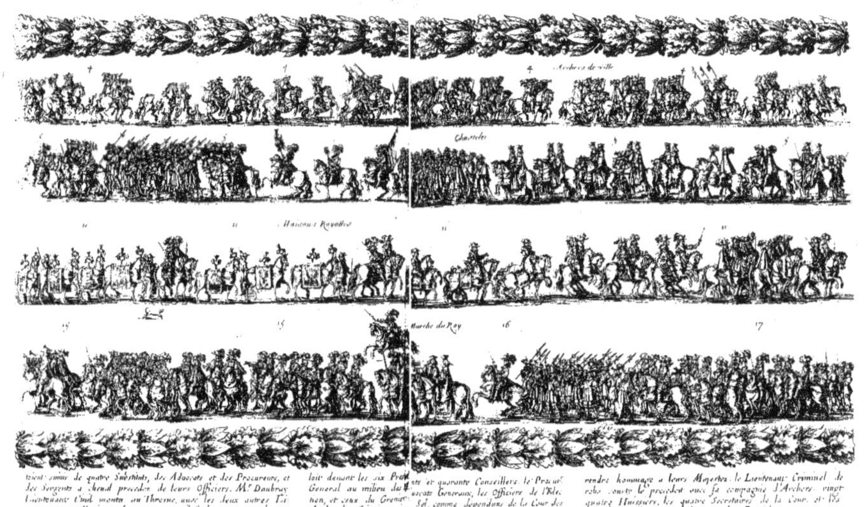

...toient suiuis de quatre Substituts, des Aduocats et des Procureurs, et des Sergents a cheual precedés de leurs Officiers. M.r Daubray Lieutenant Ciuil monta au Throsne, auec les deux autres Lieutenants et Messieurs du parquet; où il fit harangue a leurs Majestez.

6. La Cour des Monnoyes commença sa marche par douze Huissiers, apres lesquels le Greffier en chef precedoit les Presidents, ceux cy estoient suiuis des Conseillers des deux Controlleurs Generaux, des Gens du Roy & de tous les autres Officiers dependant de cette compagnie. M.r Pajot leur premier President harangua.

7. La marche de la Cour des Aydes fut ouuerte par deux compagnies d'Archers, l'vne des Gabelles et l'autre des Aydes. les Huissiers venoient en suitte, et le Greffier en chef qui alloit deuant les six Presidents. ... General au milieu du ...non, et ceux du Grenier ... Aydes les suiuoient ... President s'approcha de Majestez.

8. La Chambre des Comptes en mesme ordre, ... les huit Presidents, ... Auditeurs les suiuoient ... qui auoient encor apres ... M.rs Nicolai premier Pre... harangua a leurs Maje...

9. Le Parlement ferma... ...ts et quarante Conseillers, le Procur. ...uocats Generaux, les Officiers de l'Edit Sel, comme dependans de la Cour des ...chatement. Monsieur Amelot premier ... Thresne, où il harangua leurs ... ...ne suiuoir la Cour des Aydes ... Huissiers et les Greffiers precedoient ... Maistres, vingt Correcteurs, et soixante ... leur Procureur et Aduocat Generaux ...ux quelques vns de leurs Huissiers ...ndent monta au Throsne où il fit la ... ...la marche de tous les corps qui venoient rendre hommage a leurs Majestez. le Lieutenant Criminel de robe courte le precedoit auec sa compagnie d'Archers. vingt quatre Huissiers, les quatre Secretaires de la Cour, et les Greffiers alloient au deuant des Presidents. cent quarante Conseillers en robes rouges et chaperons fourez les suiuoient; puis les deux Aduocats Generaux. Le Preuost de l'Isle marchoit en suitte a la teste de sa compagnie fort leste. M.r de Lamoignon premier President fit compliment a leurs Majestez au nom de toute son auguste compagnie.

10. L'equipage de son Eminence le Cardinal Mazarini commença la Caualcade de la Cour. Deux Trompettes et ... precedoient soixante et douze mulets superbement enharnachez de couuertures de velours, auec des broderies d'or et de soye leurs sonnettes, plaques, têtieres, et mouchettes estoient d'argent.

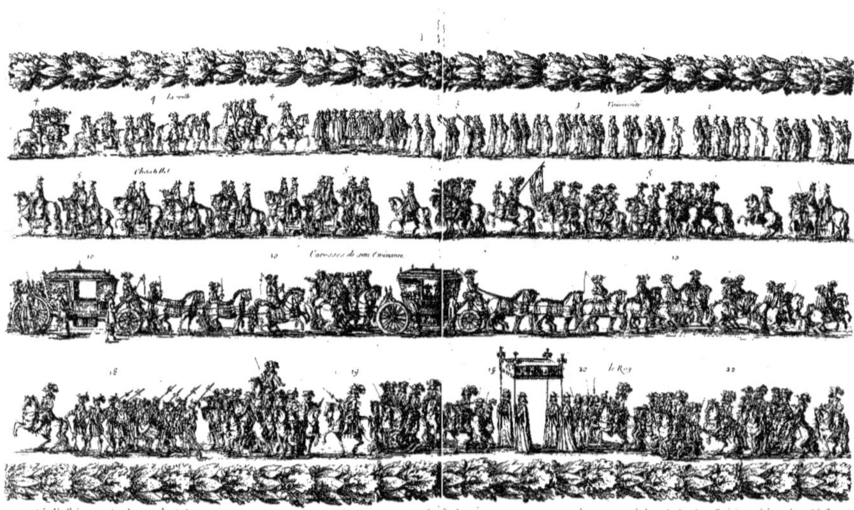

Quantité d'Officiers a cheval et a pied, soutenoient la magnificence de cette marche, vingt quatre de ses Pages suivoient; puis douze chevaux d'Espagne, conduits en main par autant de Palfreniers a cheval, aux carosse a six et huit chevaux admirables en leurs équipages, et en leurs attelages, venoient en suitte, vingt quatre Gentilhommes et la compagnie des gardes a cheval de son Eminence en faisoient le train.

12. Les équipages des maisons Royalles suivoient. Celui de son Altesse Royalle consistoit en trente six chevaux, deux d'eux en traisneur montez par autant de Pages, douze Palfreniers a cheval en conduisoient autant en main. Deux Officier de la Reyne venoient en suitte suivis de vingt quatre mulets avec des couvertures en broderie aux armes séparées de France et d'Espagne. Soixante mulets du Rey richement couverts estoient conduits par un grand nombre d'Officiers, parez de superbes livrées.

12. Les Escuries du Rey suivoient, c'est a dire les Officiers de la grande et de la petite, avec un grand nombre de chevaux dont les harnois, les selles, et les housses, toutes précieuses qu'ils fussent, n'attiroient pas tant les yeux des spectateurs, que les courbettes, et les cabrioles, des meilleurs chevaux du monde, qui estoient reservez pour le service actuel de sa Majesté.

13. La Chancellerie parut en ce jour avec tout l'esclat que le pouvoir esperer la magnificence de ce jour: Grand nombre d'Officiers du Sceau superbement vestus en commencerent la marche, soixante Maistres des Requestes l'Hostel, avec la ceinture et le cordon d'or en suitte, deux Correcteurs des offices de France, les quatre Controlleurs generaux de la Chancellerie, les quatre gardes des roolles, les quatre grands Audianciers les suivoient, les quatre Huissiers de la Chancellerie precedoient deux Estafiers de Mr le Chancelier qui conduisoient en main la belle haquenée blanche couverte d'une housse de velours bleu semée de fleurs de Lys d'or, sur laquelle un coffre de vermeil doré couvert d'un voile d'or enfermoit les Sceaux, il y estoit attaché par quatre liens tissus d'or et de soye violette que tenoient les quatre Chauffecires. Apres deux Gardes du Rey on vit Mr le Chancelier de France monté sur une haquenée blanche vestu de sa soutane et robe de conseil de drap d'or, avec un chapeau de velours noir bordé d'or, il estoit entouré de Pages et d'Estafiers de ses livrées, et suivy de quelques siens Officiers.

14. Les petits Mousquetaires venoient en suitte, les grands les suivoient; les uns et les autres estoient ornez magnifiquement, les plumes, la broderie, et les croix de leurs casaques, en ro

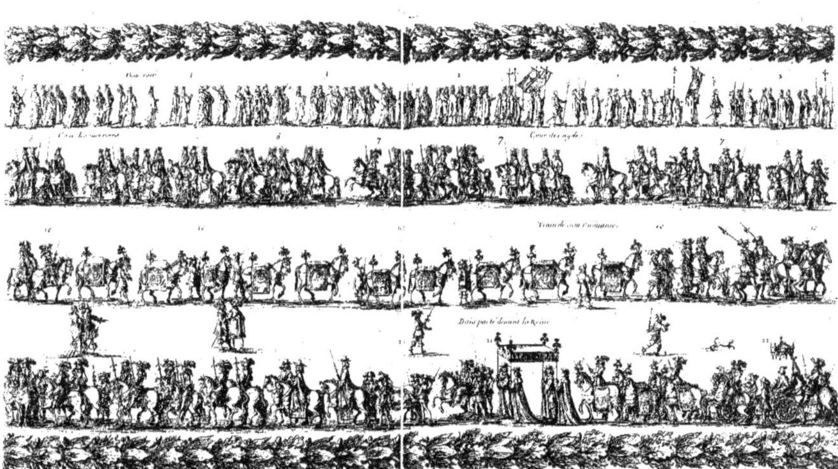

haussoient de beaucoup la pompe et la magnificence. les Officiers des uns et des autres estoient a la teste et a la queue de leurs compagnies. le bruit de leurs Tambours remplissoit autant les oreilles que leur demarche occupoit les yeux.

15. Cent soixante Chevaux legers de la garde les suivoient, ils avoient leur juste au corp. l'escarlatte, leurs echarpes, leurs plumes blanches, et leurs pistolets d'argen. le Duc de Noailles qui leur commandeur estoit a leur teste avec grand nombre d'Officiers. les Pages de la chambre lestement vestus preceloient les Maistres d'Hostel, les Gentilshommes ordinaires et servans et beaucoup d'autres Officiers des maisons Royalles, qui estoient tous dans un estat magnifique.

16. La Prevosté de l'Hostel alloit en suitte, les Huissiers, le Greffier, le Lieutenant General, et le Procureur du Roy, prece= devant le Marquis de Sourche grand Prevost. celuy cy estoit entouré de six Pages et de douze laquais, et suivy de soixante et dix Archers a pied revestus de leurs hoquetons garnis d'Orfevrerie, et armez de leurs partisannes.

17. Les Gouverneurs, et les Lieutenans de Roy des Provinces au nombre de six vingt personnes estoient en suitte. la magnificence de leurs habits de leurs chevaux et de leurs estriers quelque grande qu'elle fust, n'avoit pas encore si remarquable que la bonne mine de ces Seigneurs qui paressoient sur leur visage ce qu'il y avoit au monde de plus galant.

18. Les cent Suisses ornez plus qu'a l'ordinaire, estoient commandes par le Marquis de Verdes: le Grand Maistre, et le Maistre des ceremonies alloient en suitte, quatre Trompettes de la Chambre precedoient dix-neuf Heraults superbement vestus de leurs cottes d'armes de velours violet, la toque de velours avec le cordon d'or sur leur teste, et le caducée a leur main.

19. Les Officiers de la Couronne suivoient: le Marquis de la Meilleraye Grand Maistre de l'Artillerie, sept Mareschaux de France, le Comte d'Harcourt Grand Escuyer avec l'Espée Royalle a la main. Apres luy on vit paroistre le Duc preparé pour le Roy, que les Eschevins, et les Gardes des six corps des marchands portoient les uns apres les autres. Il estoit de brocar d'or avec les armes de France et de Navarre et leurs semantes eschinans, en broderie.

20. Le Roy dans sa posture de Triomphateur estoit environné de Gentilshommes ordinaires, de six Escuyers, et des vingt-quatre gardes de la garde Escossoise avec leurs Officiers. le Grand Chambellan, le Capitaine des Gardes du corps, le premier Escuyer

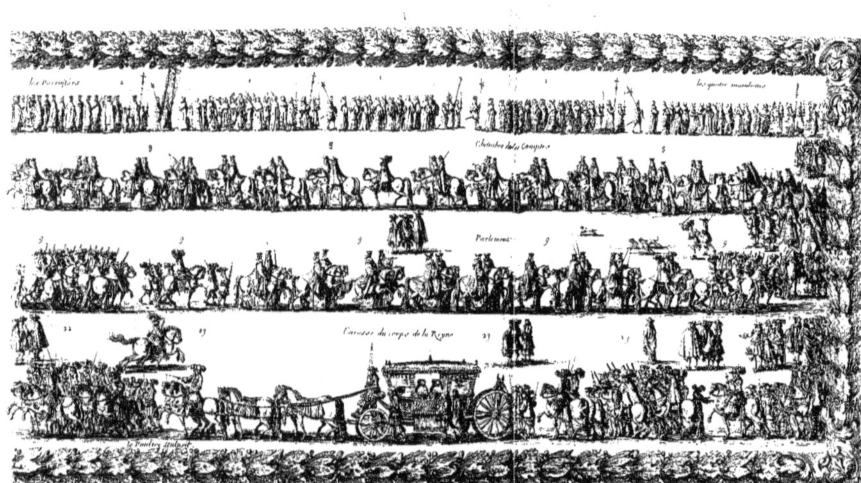

Et le premier Gentilhomme de sa chambre le suiuoient im mediatement. Puis Monsieur Frere unique du Rey auec son Capitaine des gardes, et son premier Escuyer, et en suitte le Prince de Conde, le Duc d'Enghien, et le Prince de Conty, le Comte de Soissons marcha apres eux, quantité de Ducs et d'autres Seigneurs. Deux cent Gentils-hommes au bec de corbin qui ne paroissent qu'aux grandes ceremonies mar choient en suitte.

21. La casquende de la Reyne estoit conduitte par des Escu iers lestement vestus, le Marquis d'Hanaefort premier Escui er de la Reyne entouré de Pages et de valets de pied, precedoit le Dais de la Reyne, pareil a celuy du Rey en adjoutant les armes d'Espagne, qui y estoient peintes a celles de France.

22. La plus belle partie du triomphe estoit reservé pour la Reyne. Elle estoit assise dans sa Caleche dont les ornements s'impassoient encor la richesse, quoy que le brocart et l'or trait y fussent en abondance. Elle estoit tirée par six chevaux de Dou nombre couverts de housses chargées de riches broderies. le Duc de Bournonville Chevalier d'honneur de la Reyne, et apres luy le Comte de Fuen-Saldagne Ambassadeur d'Espagne qui representoit le Majordome de la Princesse Triomphante, estoient mesmes sur de beaux chevaux a droitte entourés d'un grand nombre de Gentils-hommes, de Pages, et d'Escuyers. le Duc de Guise entouré de ses Mares, le Duc d'Elbœuf, les Comtes de Lislebonne et d'Armagnac, et le Chevalier de Lorraine estoi ent a sa gauche.

23. Trois carosses du Corps suivoient; la richesse de leurs estoffes et de leur broderie respondoit a la magnificence de ce triomphe. les attelages de chevaux ne pouvoient pas estre mieux choisis. les Princesses du sang, les autres Princesses, les Dames d'honneur et d'atour, et les filles de la Reyne s'en retour entrées a la suitte du Thresne. cent quatre vingt Gardes du corps a cheval les suivoient, et cent trente Gendarmes lestement vestus finissoient cette marche triomphante, avec quelques Officiers de la Venerie, et de la Fauconnerie. Vn concours de peuple tel que Paris seul peut produire, rendu en finir dans tout l'ordre, et toutes les circomspection qu'on pouvoit desirer apres en si grand spectacle.

A PARIS
Chez van Merlen, rue S. Jacques a la ville d'Anuers. Auec Priuilege du Roy 1685

Le Te Deum chanté dans nostre Dame.

Feu d'Artifice tiré sur l'eau deuant le Louure
quatre iours apres l'entree de leurs Majestez dans Paris.

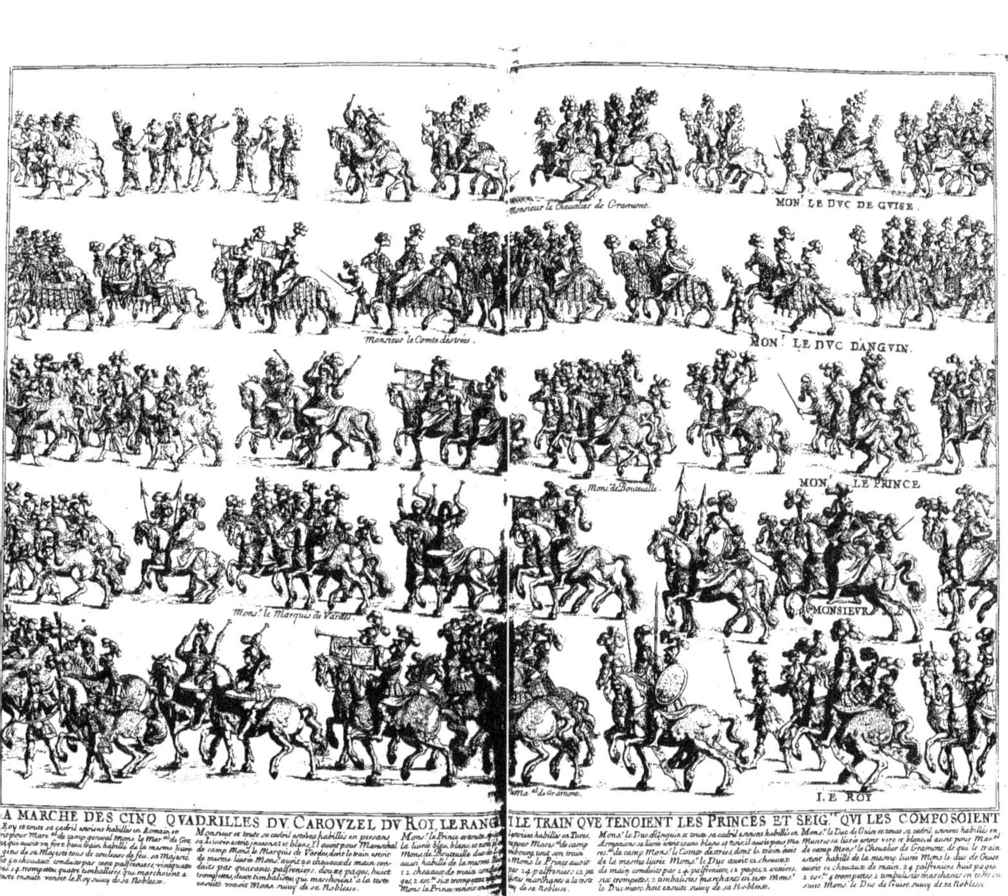

LA MARCHE DES CINQ QVADRILLES DV CAROVZEL DV ROY, LE RANG ET LE TRAIN QVE TENOIENT LES PRINCES ET SEIG. QVI LES COMPOSOIENT